AF231993

TRANSMUTATIONS ETHNIQUES

*Note adressée
à la Commission Sénatoriale des XVIII*

PAR

MARIO VIVAREZ

INGÉNIEUR

CONSEILLER GÉNÉRAL

ALGER

LIBRAIRIE ADOLPHE JOURDAN

IMPRIMEUR-LIBRAIRE-ÉDITEUR

4, PLACE DU GOUVERNEMENT, 4

1891

TRANSMUTATIONS ETHNIQUES

TRANSMUTATIONS ETHNIQUES

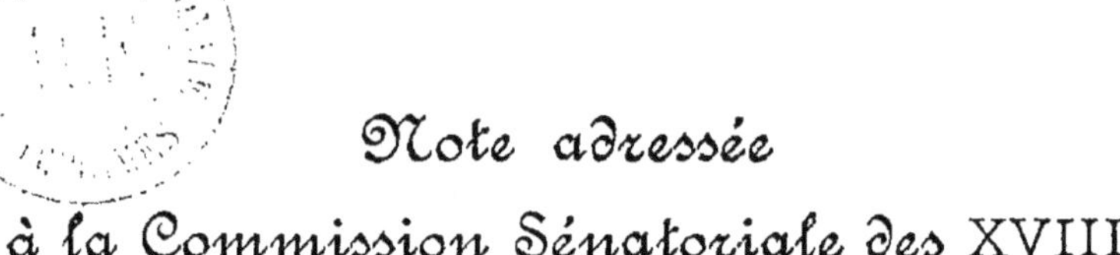

*Note adressée
à la Commission Sénatoriale des XVIII*

PAR

MARIO VIVAREZ

INGÉNIEUR

CONSEILLER GÉNÉRAL

ALGER

LIBRAIRIE ADOLPHE JOURDAN

IMPRIMEUR-LIBRAIRE-ÉDITEUR

4, PLACE DU GOUVERNEMENT, 4

1891

TRANSMUTATIONS ETHNIQUES

Note adressée
à la Commission Sénatoriale des XVIII

PAR

M A R I O V I V A R E Z

INGÉNIEUR
CONSEILLER GÉNÉRAL

Les questions proposées par la Commission sénatoriale des XVIII, en ce qui concerne les indigènes
algériens, découlent, en quelque sorte, d'une sorte
d'axiome que beaucoup d'esprits pondérés ne reçoivent
pas, cependant, à titre incontestable.

A ce postulat préalable, qui consiste à admettre
comme réalisable l'entrée des indigènes dans la civilisation française, nous opposons le principe suivant :

L'INDIGÈNE — en tant que race — EST INASSIMILABLE.

Il est facile de démontrer cette proposition, ou, du
moins, de faire naître en toute intelligence non pré-

venue la légitime présomption de ce théorème sociolo-
gique.

L'indigène algérien — issu principalement de la
fusion des sangs Hamite (1) et Schemite (2) — constitue
un groupe ethnique dont *les caractères sont définitive-
ment fixés,* car ils se reproduisent depuis plusieurs
siècles, régulièrement et sans variation.

Pour être en droit d'espérer une modification quel-
conque des marques distinctives dont l'ensemble établit
la race indigène — en usant des procédés jusqu'ici
employés à l'endroit des peuplades de l'Afrique française du Nord — il faudrait fournir, à l'appui de cette
thèse, au moins un seul exemple tiré d'une classe du
règne animal, modifiée dans de semblables conditions.
Or, l'histoire de l'univers ne nous offre la preuve d'au-
cun fait de ce genre : partout et toujours, il a fallu,
pour la formation de nouvelles familles ethniques,
l'intervention de forces continues et déterminées, agis-
sant dans le même sens durant de nombreuses généra-
tions.

---

(1) Chamite.
(2) Sémite.

L'indigène restera donc toujours semblable à l'indigène, portant irrévocablement ses signes originels, à
moins qu'on ne lui applique artificiellement les forces
spéciales qui, dans la Nature, entraînent à la longue
l'émergence des variétés.

La chaleur du climat — ce grand obstacle au progrès
— a tout d'abord diminué les besoins du Hamo-Sché-
mite Barbaresque ; l'obligation au travail, fonction
obligatoire de la lutte pour la vie, s'est donc trouvée
également réduite, par suite des facilités de l'existence,
de telle sorte qu'il est résulté de ces conditions une
dégénérescence d'énergie qui a déterminé, chez ces
néo-autochtones, un processus rétrograde, qu'ont
encore augmenté les doctrines sensuelles et fatalistes
de l'Islâm.

Les habitudes de lasciveté transmises de père en
fils, accumulées à chaque génération et fixées par le
Temps — ce transformateur par excellence — ont fait
de la paresse et de tout son cortège, l'apanage incontestable de ces peuplades, leur caractéristique négative
dans le bilan du progrès humain.

Sans doute, chez ce peuple qui étale cyniquement aujourd'hui une inertie profonde, s'est autrefois montrée une énergie redoutable. Il fut l'instructeur de l'Europe ignorante du neuvième au treizième siècle ; ses Abbassydès inaugurèrent glorieusement la Renaissance Grecque, et la littérature classique eût été irrémédiablement perduë, si aux époques d'obscurantisme elle n'avait trouvé refuge dans ces mêmes Écoles musulmanes qui nous ont transmis le Livre du ciel constellé. L'Arabe, il est bien vrai, a sauvé la science sombrant parmi le flot des barbares, il a porté en Ibérie les premiers flambeaux de la civilisation ; mais, cette énergie qui le fit puissant, illustre, il l'avait à titre d'héritage ancestral, recueilli aux froids plateaux d'Asie. Le Temps et le Milieu n'avaient pas accompli leur œuvre ! Ces Arabes fameux avaient encore au moyen âge l'élan sacré puisé au berceau de leur race !... Mais voici que leur vigueur s'amortit..., graduellement leur énergie se dissipe..., maintenant, ils sont au point mort d'un mécanisme éteint !

Les races sont la résultante du sang et du milieu. Si

on ne change l'un et l'autre, ou du moins l'un de ces deux facteurs, *toute modification dans le sens inverse des tendances naturelles et des incitations du Milieu*, est *a priori* impossible.

Dans le cas qui nous occupe, le Milieu devant rester constant, c'est des variations de l'élément biologique seul que peut dépendre la formation des variétés. Or, celles-ci n'ont la possibilité de se produire que de deux façons : naturellement, par phénomène de monstruosité ; artificiellement, par phénomène d'hybridation. Toutefois, quel que soit le modificateur intervenant, pour obtenir la fixation de la nouvelle forme, il faut recourir à la sélection, favoriser le développement des types choisis et, en même temps, empêcher la reproduction, le mélange du sang qu'on veut faire disparaître.

Telle est l'orthodoxie pour la variation des espèces.

Si l'on veut appliquer la méthode scientifique — la seule, à la fois sérieuse et féconde — à l'examen de la question indigène, les constatations qui précèdent suffisent à indiquer une base sûre d'orientation politique, une règle de gouvernement, radicale sans doute,

brutale assurément, contraire évidemment aux théories
sentimentales de certains philantropes n'ayant jamais
été aux prises avec ceux qu'ils prétendent pouvoir
civiliser, mais incontestablement logique, irréfragable-
ment vraie et seule susceptible de faire cesser l'état de
troubles qui résulte des réglementations jusqu'ici
adoptées et qui sont en violation flagrante avec les
lois fondamentales de la Mésologie rationnelle.

Nous nous proposons de modifier la race indigène :
prenons donc, à cet effet, les moyens que nous indique
la science expérimentale et que nous nous garderions
de négliger, s'il s'agissait d'autres classes du règne
animal ; car la doctrine est la même, qu'il s'agisse de
perfectionner l'enveloppe épidermique, les organes de
la locomotion, la charpente osseuse, la force musculaire,
ou de développer l'organe encéphalique , ce levier
directeur de l'être organisé.

Il nous faut transformer : eh bien, sélectionnons
sans merci ; en d'autres termes, favorisons seulement
le développement, la reproduction des sujets qui, adop-
tant complètement nos lois, semblent déjà penchés vers
l'évolution salutaire ; mais traitons en parias, taillables

et corvéables dans les limites de la pitié humaine, les réfractaires à notre civilisation.

Du reste, cette sélection, dont la méthode s'impose, n'est susceptible d'extension, de résultat, de stabilité, que concurremment avec l'apport d'un sang nouveau, issu de régions moins chaudes, véhicule nécessaire d'une énergie régénératrice. Or, quelle fusion sera possible avec l'indigène, si celui-ci n'a pas d'abord abandonné les coutumes de sa civilisation décadente, ces lois d'un organisme déclinant vers sa fin ?

Qu'on ne vienne pas objecter la liberté des *Credo*, les droits imprescriptibles de la conscience, car il serait véritablement puéril, de la part du Français vainqueur, de continuer à respecter les Coutumes, sous prétexte que, chez le vaincu, le code et la théologie sont indissolublement liés ! Abandonnons enfin ce faux point de vue qui nous a fait trop longtemps tolérer un mode d'être aussi contraire à notre domination qu'aux principes de la société moderne, et perpétuer inconsciemment la cause initiale qui jette les musulmans par delà l'orbite des civilisés.

Nous sommes les vainqueurs ; que les vaincus s'inclinent : c'est la loi de l'humanité. Qu'ils subissent nos usages, qu'ils adoptent notre langue ; qu'ils s'assimilent, qu'ils s'élèvent ou qu'ils meurent !.... C'est l'ordre inexorable du Progrès.

Tant pis pour eux, si leurs ordonnances religieuses et civiles se confondent à ce point de ne plus faire qu'un : la conception de la Liberté ne va pas jusqu'à permettre qu'on leurre sous son nom. Du reste, si ces prescriptions concernent des futilités, c'est sans hésitation que notre volonté doit être imposée pour les rompre ; si elles ont trait à des préceptes fondamentaux en opposition avec notre morale, nous ne les devons plus supporter.

On parlera, sans doute, de traités passés, de chartes octroyées : qu'importe ! L'indigène n'a-t-il pas relégué tout cela dans le domaine des illusions diplomatiques, par ses nombreuses révoltes qui équivalent à une véritable dénonciation des traités ? Nos promesses n'existent plus ; notre longanimité a même démontré l'étendue de notre erreur : à l'indigène inassimilable, montrons désormais nos ordres, et, d'autre part, l'amende et le bâton ; à celui qui vient à nous sans réticence, sans arrière-pensée, ouvrons largement nos portes et le Grand Livre du citoyen français.

Envisagée de la sorte, la question Algérienne se trouve singulièrement simplifiée, car elle est, du même coup, dégagée d'un élément pour ainsi dire insoluble, et dont l'action de présence détermine l'état de trouble et de tâtonnement au milieu duquel nous nous débattons vainement. Dans cette hypothèse, elle ne comporte plus qu'une seule solution, à la fois simple et sans nombreux amendements : *l'application intégrale du droit commun.*

La majeure partie des difficultés serait de la sorte franchie ; une seule resterait, grave et probable si l'application du principe se poursuit hésitante, négligeable au contraire si l'on marche droit au but : *la rébellion.*

Toutefois, sachons bien que celle-ci est à l'état latent et qu'une pareille situation des choses se traduit annuellement par une dépense voisine de *soixante-dix millions.* Il coûterait moins cher d'en finir, et puisqu'il n'y a plus d'esclaves, il ne faut plus, dès lors, que de véritables sujets.

La caractéristique de ce nouveau mode administratif pourrait être définie en ces termes : *Incitation intensive à la naturalisation.*

Les indigènes volontairement naturalisés et quel que soit leur nombre, jouiraient naturellement des prérogatives, c'est-à-dire des droits et des devoirs inhérents à tout Français.

Les autres — qui, indubitablement, constitueraient la grosse masse — subiraient intégralement les charges qui affectent tout sujet ou tout habitant de la France. Toutefois, l'obligation du service militaire (1) serait remplacée par un impôt qui, portant sur un contingent triennal approximatif de cent vingt mille hommes (2), pourrait représenter un impôt annuel de QUATRE-VINGT-

---

(1) On sait qu'en vertu de conventions diplomatiques, les nationaux Espagnols, habitant l'Algérie, sont tenus d'y accomplir leur service militaire quand ils n'ont pas satisfait à la loi du recrutement dans leur pays. L'application de ce principe à l'indigène algérien est donc équitable, rationnelle.

(2) Nous admettons le service de trois ans obligatoire en France, et nous évaluons approximativement à quarante mille hommes l'effectif de la classe annuelle.

SEPT MILLIONS (1) facilement réalisable *en espèces, en nature ou en prestations.*

L'indigène paierait ou serait incorporé dans les *chantiers d'insoumis,* ainsi que cela se passe pour les nationaux réfractaires.

Par suite de l'adoption en principe du régime de droit commun, l'assiette des impôts arabes subirait l'assimilation générale. Les variétés actuelles seraient supprimées (2) et dès lors, l'indigène serait imposé de la même manière que l'Européen, les demeures arabes étant toutefois rangées pour la perception de la taxe locative dans les catégories imposables, quelle que soit du reste la nature de ces constructions (3).

---

(1) 87,600,000 fr. L'indigène est considéré comme devant se libérer au prix de 2 fr. la journée, du temps de service dû à l'État. Le rendement de cet impôt serait donc supérieur à la totalisation du produit des contributions arabes actuellement perçues (lezma, achour, zeckat, hockor), et qui n'atteint pas quarante millions.

(2) Il vient d'être expliqué comment le Trésor ne perdrait rien à cette combinaison.

(3) Le coefficient pourrait être calculé à l'aide d'une double base : la superficie couverte, le nombre de têtes abritées.

En ce qui concerne les droits de propriété, les indigènes auraient à fournir des preuves authentiques, à
défaut de quoi leurs prétentions seraient rejetées : dans
ce dernier cas, on les installerait sur de nouvelles terres
dont l'étendue aurait pour base le nombre de bouches à
nourrir.

Leurs mariages comme leurs divorces auraient obli-
gatoirement lieu devant le maire ou son substitut, et cela
dans les conditions légales ordonnées, les lois sur l'adul-
tère armant du reste suffisamment l'autorité contre les
abus qui pourraient naître des habitudes polygames
légitimées par le Qôran (1).

En ce qui concerne l'instruction publique indigène,
il n'y aurait besoin de rien autre que d'appliquer rigou-
reusement la loi scolaire aussi bien à l'égard des
garçons qu'à l'endroit des filles, et d'affecter à chaque

---

(1) Les prêtres catholiques, les ministres de la religion réfor-
mée, les rabbins du Judaïsme, ne peuvent procéder au mariage
religieux qu'après la célébration de l'union légale; il est donc
rationnel de soumettre les musulmans aux mêmes formalités,
sous peine de considérer leurs actes matrimoniaux comme inexis-
tants.

école, uniquement pour la facilité des rapports, des moniteurs sachant la langue du pays (1).

Néanmoins, malgré l'adoption du principe général visant l'application du droit commun, l'état d'infériorité morale des indigènes nécessite certaines mesures transitoires et extra-légales d'administration.

C'est ainsi que l'indigène ne pourrait sortir de la commune où il réside sans visa de route spécial. Pour la répression des coupables, le milieu social aussi bien que le milieu physique algérien, exigent qu'on s'empare aussitôt du prévenu, car, étant donné l'esprit indigène, il vaut certainement mieux incarcérer un innocent que de laisser échapper un criminel. L'organisation actuelle laisse, en effet, toujours ouverte au malfaiteur une porte de salut, grâce aux connivences qu'il machine, aux ruses qu'il emploie, aux mensonges inextricables qu'il développe, à la connaissance des lieux qu'il pos-

---

(1) En vingt ans, un gouvernement éminemment pratique a changé le cœur d'une province, en interdisant partout où il pouvait le faire, les mœurs, l'esprit, l'idiome, jusqu'aux plus sacrés souvenirs de la patrie perdue.

sède, enfin, aux facilités de toutes sortes qui lui permet-
tent d'attendre, dissimulé dans les broussailles et dans
l'ombre, l'instant propice pour le crime, puis de
s'échapper et d'opposer un alibi mensonger devant
lequel la Justice n'ose plus avancer. La morale ne
le retenant pas, il convient de l'étreindre par la
terreur, et par suite, de frapper fort et sur l'heure :
en cela gît le commencement de sa sagesse. Notre
appareil judiciaire n'est pas fait pour les félins ; il
leur faut une justice plus simple, plus sommaire,
plus palpable. Dans cet ordre d'idées, déléguer aux
maires ou à leurs assimilés des pouvoirs disciplinaires
étendus serait, non pas opprimer l'Arabe, mais faire
cesser pour l'Européen l'état d'insécurité qui l'ac-
cable.

Ces considérations ne laisseront pas d'étonner, sans
doute, ceux qui s'imaginent connaître l'indigène parce
qu'ils ont fait avec lui quelques chevauchées lointaines,
mangé le *metchouy*, sablé l'Aÿ mousseux et qui, bien
traités, flattés, séduits par ses apparences câlines, ses

manières obséquieuses, ses méthodes supérieures de dissimulation, s'imaginent qu'on le calomnie, qu'on cède à de bas sentiments d'égoïsme et de rapacité, en le dépeignant comme un être de race dégradée, d'une famille plus encore déchue, à jamais enrayée dans son développement moral.

Certainement, il nous a été donné de vivre en paix, des mois et des années, auprès de familles indigènes ; on nous comblait de prévenances et d'égards ; mais, si l'étendard vert du Prophète s'était levé à l'horizon, la main qui nous caressait naguères nous aurait aussi bien décapité.

Puis une illusion particulière contribue à fausser les conclusions de l'observateur.

Dans cette vie côte à côte qui semble diminuer les distances, rapetisser l'abîme qui nous sépare, un pas est en effet franchi ; seulement, ce n'est pas l'Arabe qui le fait : c'est nous qui nous rapprochons ; c'est nous qui, par suite des conditions particulières de la vie en pays indigène, adoptons ses manières, prenons ses habitudes ; c'est nous qui nous assimilons à lui et qui, par une fiction psychique, croyons l'avoir élevé jusqu'à nous.

Une erreur de cet ordre a trait à cette prétendue supériorité du Qabaÿl (1), et l'on s'émerveille sur ses kanouns comme s'ils étaient les indices indubitables d'un progrès à venir, et non point les ultimes vestiges d'une civilisation avortée !

Il faudrait cependant en finir avec cette légende Qabaÿle, avec les fausses qualités de ce montagnard cupide, sans courage, sans mœurs, sans beauté comme sans dignité. Rebut de toutes les invasions, il s'est réfugié comme les fauves sur les pics inaccessibles, et là, n'ayant d'autre occupation que la femme, cédant du reste aux grossiers instincts ataviques de la race de Ham, il a pullulé comme les espèces malfaisantes sur les steppes abandonnés.

C'est pourquoi, aujourd'hui, quand il parcourt ces régions montagneuses, le voyageur superficiel s'extasie sans tarir sur l'activité d'un peuple qui cultive jusques aux rochers, sans songer que ce labeur n'est qu'apparence, que, comparée à la population qui grouille sur les cimes, cette culture en réalité étendue ne représente

---

(1) Kabyle.

relativement, par tête, qu'un travail illusoire, un effort captieux.

Il est des exceptions, et même de remarquables : mais ces sujets hors ligne, étonnantes monstruosités de la nature ou phénomènes d'hybridation, n'infirment aucunement les règles de la généralité : ceux-là seront citoyens français.

On ne nous contestera pas que le génie indigène ne soit totalement différent des aspirations de notre race, et l'on voudra bien admettre que ses principes moraux, en opposition avec ceux de la société moderne, doivent être modifiés, si l'on se propose seulement pour but un semblant d'assimilation. Pour transformer, une seule méthode existe : c'est le mode scientifique dont nous avons parlé.

Le Qôran qui n'est Règle religieuse que par suite d'une sorte de fiction admise, constitue plus exactement une véritable Loi politique ; et c'est dans cet ordre d'idées, sinon sous ce titre, qu'il enjoint strictement de faire la

guerre aux Infidèles, niant ainsi le principe fondamental
de toute civilisation. Ses doctrines engendrent la stérilité
comme le vide de la vie ; elles font de l'homme un tyran
quand elles ne le réduisent pas en esclave ; des femmes,
un jouet ; des lois, une fatalité ! Qu'attendre d'un être
façonné à cette école pour la passivité, l'impuissance, et
dont le suprême effort de réflexion se résume en ces
termes : LA ALLAH ILLA HOUA ! (1).

Il est temps que la doctrine du glaive ferme ses
temples devant les purs sanctuaires des civilisations
élevées. L'indigène ne se plaindrait du reste pas longtemps d'un pareil coup de force ; il y verrait la preuve
inéluctable de notre supériorité, et bientôt il se courbe-
rait, en disant :

MÊKTOUB ! C'était écrit !

MARIO VIVAREZ.

---

(1) Il n'y a point de Dieu, si ce n'est Lui.